Mascha Kaléko

Das lyrische Stenogrammheft

Gedichte aus der Welt der Großstadt

Rowohlt Taschenbuch Verlag

Das lyrische Stenogrammheft erschien zusammen
mit der Sammlung *Kleines Lesebuch für Große*
unter dem Titel «Das lyrische Stenogrammheft»
erstmalig 1956 im Rowohlt Taschenbuch Verlag.

Veröffentlicht im
Rowohlt Taschenbuch Verlag,
Reinbek bei Hamburg, Juni 2007
Copyright © 1933 by Mascha Kaléko,
© 1975 by Gisela Zoch-Westphal
Umschlaggestaltung any.way, Wiebke Jakobs
(Foto: Rowohlt Archiv)
Satz Swift PostScript (InDesign)
bei KCS GmbH, Buchholz bei Hamburg
Druck und Bindung Clausen & Bosse, Leck
Printed in Germany
ISBN 978 3 499 24547 3

Inhalt

DEM ‹HEILIGEN FRANZISKUS›
VOM ROWOHLT VERLAG ANNO DAZUMAL

Dies Versbuch, lang vergriffen und verboten,
Widme ich dem Gedächtnis eines Toten –
FRANZ HESSEL, Dichter, Heiliger und Lektor,
Mein Schutzpatron und lyrischer Protektor,
Der milde tadelnd, und mit strengem Lob
Das ‹STENOGRAMMHEFT› aus der Taufe hob.

Er ruht voll Sanftmut und Melancholie
In Frankreichs Erde, nah bei Sanary,
Und redigiert im Schatten edler Palmen
Fürs Paradies die allerneusten Psalmen.
– Und wenn sein ferner Blick sich erdwärts neigt,
Dann lächelt er geheimnisvoll, und schweigt …

Im Februar 1956

Mascha Kaléko

Von Montag früh bis Wochenend

Interview mit mir selbst

Ich bin vor nicht zu langer Zeit geboren
In einer kleinen, klatschbeflissenen Stadt,
Die eine Kirche, zwei bis drei Doktoren
Und eine große Irrenanstalt hat.

Mein meistgesprochenes Wort als Kind war ‹nein›.
Ich war kein einwandfreies Mutterglück.
Und denke ich an jene Zeit zurück:
Ich möchte nicht mein Kind gewesen sein.

Im letzten Weltkrieg kam ich in die achte
Gemeindeschule zu Herrn Rektor May.
– Ich war schon zwölf, als ich noch immer dachte,
Daß, wenn die Kriege aus sind, Frieden sei.

Zwei Oberlehrer fanden mich begabt,
Weshalb sie mich – zwecks Bildung – bald entfernten;
Doch was wir auf der hohen Schule lernten,
Ein Wort wie ‹Abbau› haben wir nicht gehabt.

Beim Abgang sprach der Lehrer von den Nöten
Der Jugend und vom ethischen Niveau –
Es hieß, wir sollten jetzt ins Leben treten.
Ich aber leider trat nur ins Büro.

Acht Stunden bin ich dienstlich angestellt
Und tue eine schlechtbezahlte Pflicht.
Am Abend schreib ich manchmal ein Gedicht.
(Mein Vater meint, das habe noch gefehlt.)

Bei schönem Wetter reise ich ein Stück
Per Bleistift auf der bunten Länderkarte.
– An stillen Regentagen aber warte
Ich manchmal auf das sogenannte Glück …

Chanson vom Montag

Montag hat die Welt noch kein Gesicht,
Und kein Mensch kann ihr ins Auge sehen.
Montag heißt: Schon wieder früh aufstehen,
Training für das Wochen-Schwergewicht.

    Und die Bahnen brausen, das Auto kläfft,
    Die Arbeit marschiert in den Städten.
    Alle Straßen hallen wider von Betrieb und von Geschäft,
    Und die Riesensummen wachsen in ein unsichtbares Heft,
    – Doch nie in das Heft des Proleten.

Schlagerlied vom Sonntag noch im Ohr,
Denkt man ungern an Bürogehälter.
– Montag hat ein kleiner Angestellter
Mittags Krach und abends gar nichts vor.

    Nur der Motor rasselt, der Hammer dröhnt.
    Der Werktag kutschiert ohne Pause.
    Theater locken. Der Luxus höhnt,
    Doch man ist ja längst an Verzichten gewöhnt.
    – Wer kein Geld hat, bleibt brav zu Hause.

Montags gähnt sogar das Portemonnaie,
Und es reicht noch grad für die Kantine.
Spät nach Ladenschluß geht man mit Duldermiene
Resigniert vorbei am Stammcafé.

    Und die Stunden laufen, der Tag verweht,
    Müde hockt man in seinen vier Wänden.
    Und dann kommt man ins Denken – wie das so geht …
    Man findet die Zeiten ein bißchen verdreht,
    Und man fragt sich: wie wird das wohl enden?

Montag ist das Stiefkind des Kalenders,
Düsterer Woche grauer Korridor,
Höchster Mißklang in der Tage Chor,
Strengster Ruhetag des Freudespenders.

Mannequins

INSERAT:
‹Mannequin 42er Figur, leichte,
angenehme Arbeit, gesucht ... ›

Nur lächeln und schmeicheln den endlosen Tag ...
Das macht schon müde.
– Was man uns immer versprechen mag:
Wir bleiben solide.
Wir prunken in Seide vom ‹dernier cri›
Und wissen: gehören wird sie uns nie.
Das bleibt uns verschlossen.
Wir tragen die Fähnchen der ‹Inventur›
Und sagen zu Dämchen mit Speckfigur:
‹Gnäfrau, ... wie angegossen!›

Wir leben am Tage von Stullen und Tee.
Denn das ist billig.
Manch einer spendiert uns ein feines Souper,
... Ist man nur willig.
Was nützt schon der Fummel aus Crêpe Satin –
Du bleibst, was du bist: Nur ein Mannequin.
Da gibts nichts zu lachen.
Wir rechnen, obs Geld noch bis Ultimo langt,
Und müssen trotzdem, weils die Kundschaft verlangt,
Das sorglose Püppchen machen.

Die Beine, die sind uns Betriebskapital
Und Referenzen.
Gehalt: so *hoch* wie die Hüfte *schmal*.
Logische Konsequenzen ...
Bedingung: stets vollschlank, diskret und – lieb.
(Denn das ist der Firma Geschäftsprinzip.)

Und wird mal ein Wort nicht gewogen,
Dann sei nicht gleich prüde und schrei nicht gleich ‹Nee!›
Das gehört doch nun mal zum Geschäftsrenommée
Und ist im Gehalt einbezogen.

Abschied

Jetzt bist du fort. Dein Zug ging neun Uhr sieben.
Ich hielt dich nicht zurück. Nun tut's mir leid.
– Von dir ist weiter nichts zurückgeblieben
Als ein paar Fotos und die Einsamkeit.

Noch hör ich leis von fern den D-Zug pfeifen.
In ein paar Stunden hält er in Polzin.
Mich ließest du allein in Groß-Berlin,
Nun werde ich durch laute Straßen streifen

Und mißvergnügt in mein Möbliertes gehen,
Das mir für dreißig Mark Zuhause ist,
Und warten, daß ein Brief von dir mich grüßt,
Und abends manchmal nach der Türe sehen.

… Ich kenn das schon. Und weiß, es wird mir fehlen,
Daß du um sechs nicht vor dem Bahnhof bist.
– Wem soll ich, was am Tag geschehen ist,
Und von dem Ärger im Büro erzählen?

Jetzt, da du fort bist, scheint mir alles trübe.
Hätt ichs geahnt, ich ließe dich nicht gehn.
Was wir vermissen, scheint uns immer schön.
Woran das liegen mag … Ist das nun Liebe?

Das regnet heut! Man glaubt beinah zu spüren,
Wies Thermometer mit der Stimmung fällt.
Frau Meilich hat die Heizung abgestellt,
Und irgendwo im Hause klappern Türen.

Jetzt sitz ich ohne dich in meinem Zimmer
Und trink den dünnen Kaffee ganz allein.
– Ich weiß, das wird jetzt manches Mal so sein.
Sehr oft vielleicht … Beziehungsweise: immer.

Wenn man nachts nicht schlafen kann ...

Wenn man nachts nicht schlafen kann,
Hört man von den schiefergrauen
Dächern junge Katzen miauen,
Und das hört sich schaurig an.

Brave Menschen – heißt es – beten,
Dann schickt ihnen Gott den Schlaf.
– Doch man selbst ist niemals brav ...
Schlaflos starrt man auf Tapeten,

Zählt die Muster Stück für Stück.
Plötzlich hört man draußen Schritte,
Und vom Ausgang kehrt Brigitte
Wieder mal zu spät zurück.

Von der Straße tönt Gesang:
Durch die mondbeglänzte Stille
Wankt ein Mann aus der Destille,
Glücklich, weil er sich betrank.

Leise bellt ein Hund im Traum,
Und im Hausflur blüht die Liebe. –
Still zur Arbeit ziehen Diebe,
Ihre Schlüssel hört man kaum ...

Endlos lang dehnt sich die Nacht.
Eine Uhr schlägt Stund' um Stunde.
Wächter machen ihre Runde,
Und man zählt bis tausendacht ...

Gähnend schleicht der Tag sich ein.
Autos rasseln schon und Wagen. –
Fröstelnd, nachtdurchwacht, zerschlagen,
Dämmert man am Morgen ein.

Krankgeschrieben

Man liegt im Bett mit einer Halskompresse,
Erschöpft und blaß ist man heraufgeschwankt.
Man ist des ganzen Hauses Interesse,
Und jemand sorgt, daß man das Fieber messe.
Man fehlt heut im Büro. – Man ist ‹erkrankt›.

Man fühlt sich wohl auf weichen, weißen Kissen.
– Von Zeit zu Zeit tut irgendwo was weh –.
Und diese Schmerzen streicheln das Gewissen,
Heut einmal seine Pflicht nicht tun zu müssen.
… Dies sühnt man außerdem mit Fliedertee.

Man sieht die Möbel an und die Gardinen.
– Man kennt sein Zimmer nur vom Abend her –.
Am Tage, wenn es hell und lichtbeschienen,
Da ist man irgendwo, um zu verdienen.
Und abends gibt es keine Sonne mehr.

Durchs Fenster dringen Stimmen von Passanten
Und der Vormittagslärm von Groß-Berlin.
Man wird besucht von Freunden und Bekannten.
Zweimal am Tage kommen die Verwandten
Und dreimal täglich kommt die Medizin …

So gegen elf hört man die Bolle-Glocken,
Zuweilen läutet's an der Eingangstür.
Ein Reisender empfiehlt uns Mako-Socken.
Vom Hof her klingt des Scherenschleifers Locken
Und auch der Leiermann ist wieder hier.

Man liegt im Bett. Und draußen ‹pulst das Leben›
– Wie es so herrlich in Romanen heißt.
Man hat sich diesem Zwange gern ergeben
Und wird gesund mit leisem Widerstreben,
Als wär man in die Kindheit heimgereist ...

Wenn es abends sieben schlägt,
Strömen aus den tausend Toren matte, blasse Großstadt-
    menschen
Alltagssorgen in den Augen, Mappen in der müden Hand,
Angeln aus zerdrückten Taschen rasch die Stadtbahn-Monats-
    karten,
Werfen einen kurzen Blick in den Automatenspiegel
(Manchmal auch noch einen Groschen, der gebrannten Mandeln
    gilt –),
Stehlen an dem Zeitungsständer fettgedruckte Überschriften
Aus dem letzten Abendblatt …

Fauchend – wie ein Wüstenwind aus den Südsee-Kitschromanen –
Rollt die Stadtbahnschlange an.
Naßkalt ist die Luft im Wagen, und es riecht nach Warteraum.
– Seltsam nicken müde Männer aus dem Fünf-Minuten-Schlaf,
Blicken schreckhaft hin zum Fenster, träumend von der
    Endstation.
– Selig eng in einer Ecke lehnt ein blondes Liebespaar,
Brocken mancher Fahrtgespräche schaukeln ab und zu ins Ohr …
– Eine Kümmelstange kauend, übt ein magrer Gymnasiast
Rasch noch ein paar neue Verben für den Abendunterricht.
… Ruckweis alle paar Minuten hält der Zug geduldig an,
Ein paar Menschen zu entlassen.
Neue müde Augenpaare fischen schnell noch einen Platz.

Weiter geht's auf Silberschienen mitten durch den Großstadtleib.
Winterdunkel legt sich frierend über kahle Mietkasernen,
Schattenhaft und längst entblättert tanzt am Park ein Baum
    vorbei …
Eine Schnur von Bogenlampen flackert über Straßen auf,
Und es wachsen helle Inseln bunter, wilder Lichtreklame
Aus dem öden Häusermeer – – –

– Straßenhändler schieben langsam schmieriggraue Karren
    heimwärts.
Auf den schwarzen Brettertafeln ist die Kreide halb verwischt.
(Wenn man mit dem warmen Atem an die blinde Scheibe
    haucht,
Kann man alles deutlich sehen, wenn es abends sieben
    schlägt ...)

Wenn es abends sieben schlägt,
Warten in den Großstadthäusern viele Kinder auf die Eltern,
Viele Eltern auf ihr Kind.
Kinder horchen hin zur Türe, Mütter sehen auf die Uhr. –
Aus den Küchenfensterspalten riecht's nach aufgewärmtem
    Essen,
Dringt das Klappern von Geschirr.
– Endlich kreischt im Flur die Klingel,
Klirren Schlüssel an der Tür ...

Gewissermaßen ein Herbstgedicht

Seit zehn Uhr morgens blick ich still zur Türe.
Nun ging der Geldbriefträger auch vorbei.
Ein Pfandschein und ein Fahrscheinheft vom Mai
Sind meine wertbeständigen Papiere.

Der Hauswirt wird allmählich ungeduldig
Und meine Winterjacke leicht defekt.
Der Waschfrau bin ich schon acht siebzig schuldig
Und sie mir den gebührlichen Respekt …

Der Sommer ist schon lange fortgezogen.
Und selbst die Zimmerlinde ging mir ein.
Auch mit dem Goldfisch hat man mich betrogen.
Jetzt stehe ich am Fenster ganz allein.

Das Fräulein vis-à-vis klopft die Matratzen.
Ein Bettler singt. Nicht schön, doch ziemlich laut.
Vor meinem Fenster zanken sich zwei Spatzen.
Erst warens sechs. Doch vier sind abgebaut.

Ich könnte, wenn ich könnte, manches sagen,
Doch Armut ist der Güter höchstes nicht:
Bei leergebranntem Herd und dito Magen
Schreibt man nicht mal ein lyrisches Gedicht.

– Im Kino bin ich lange nicht gewesen.
Und Bücher kaufen ziemt dem reichen Mann.
Ich darf noch höchstens eigne Werke lesen.
Was man wohl kaum Vergnügen nennen kann.

Es soll ja irgendwo noch Leute geben,
Die im Expreßzug nach dem Süden reisen.
– Mein Schicksal rollt auf toten Nebengleisen
Und Zugverspätung hat dies bißchen Leben …

Zeitgemäßer Liebesbrief

Liebe Elli! – Mal muß mans gestehen.
Und es ist auch schließlich besser so.
– Gestern war mein letzter Ultimo,
Und ab Dienstag darf ich stempeln gehen.

Abgangszeugnis. Sanft ruht die Karriere …
Letzter Akt. Der Eisenvorhang fällt,
Denn mein Chef hat statt der Sekretäre
Lediglich die Zahlung eingestellt.

Der Beamte auf dem Nachweis meinte,
Daß ich tot fürs Wirtschaftsleben wär.
– Aktenzeichen: C – Die Mutter weinte.
Und du findest Armut ordinär …

Du bist schön. Du tanzt gern in Lokalen.
Du paßt in keine Not-Zeit-Ehe 'rein!
– Der Mensch lebt nicht vom Honigmond allein,
Er muß auch ab und zu mal Schulden zahlen.

… Sogar das Faltboot mußte ich verpfänden,
Weil mich nur Bargeld über Wasser hält.
Ich sende dir mein Herz zu treuen Händen,
Sonst hab ich nichts à conto dieser Welt.

– Ein Jahr nur noch: ich wäre was geworden.
Ich hatte mir die Zukunft schön gedacht.
Was bin ich jetzt? – Ein Mönch im Stempler-Orden.
– Nun komm ich niemals mehr nach Gruppe acht …

Randbemerkungen eines Liftboys

Das stößt hier und drängelt so ohne Manieren.
– Von wegen ‹gebildet› und ‹besseres Haus›!
Die Gnädje im Fehpelz, die sollt' sich genieren.
Sie denkt: Nur ein Liftboy – was macht das schon aus …
– Hätt ich zu bestimmen, ich wüßt, was ich täte!

‹Erster: Porzellanwaren und Wirtschaftsgeräte …!›

… Mitunter da denk ich, das menschliche Leben
Ist oft wie so'n Fahrstuhl im Warenhaus:
– Wer Geld hat, kann rauf bis zum Dachgarten schweben,
Wer keins hat, muß meist schon im Zwischenstock raus.
Und immer heißts ‹Abwärts!› nach einigen Jahren …

‹Zweiter: Gardinen und Einrichtungswaren …!›

Wenn ich erst mal Geld hab, dann werdet Ihr staunen:
Da pfeif ich auf meine geputzte Livrée!
Beschwerde gefällig? Abteilung für Launen.
– Ich sage so kühl wie ein Kunde: ‹Ich geh›.
… Nur Elli vom Lichthof –. Doch noch ists ein Traum …

‹Dritter: Frisier- und Erfrischungsraum!›

Ein kleiner Mann stirbt

Wenn einer stirbt, dann weinen die Verwandten;
Der Chef schickt einen Ehrenkranz ins Haus,
Und voller Lob sind die, die ihn verkannten.
… Wenn einer tot ist, macht er sich nichts draus.

Wenn einer stirbt – und er ist kein Minister –
Schreibt das Vereinsorgan kurz: ‹Er verblich …›
Im Standesamt, Ressort: Geburtsregister
Macht ein Beamter einen dicken Strich.

Ein Kleiderhändler fragt nach alten Hüten,
Offerten schickt ein Trauermagazin.
Am Fenster steht: ‹Ein Zimmer zu vermieten …›
Und auf dem Tisch die letzte Medizin.

Wenn einer stirbt, scheint denen, die ihn lieben,
Es könne nichts so einfach weitergehn.
Doch sie sind auch nur ‹trauernd hinterblieben›,
Und alles läuft, wie es ihm vorgeschrieben.
– Und nicht einmal die Uhren bleiben stehn …

Man lernt sich irgendwo ganz flüchtig kennen
Und gibt sich irgendwann ein Rendezvous.
Ein Irgendwas, – 's ist nicht genau zu nennen –
Verführt dazu, sich gar nicht mehr zu trennen.
Beim zweiten Himbeereis sagt man sich ‹du›.

Man hat sich lieb und ahnt im Grau der Tage
Das Leuchten froher Abendstunden schon.
Man teilt die Alltagssorgen und die Plage,
Man teilt die Freuden der Gehaltszulage,
… Das übrige besorgt das Telephon.

Man trifft sich im Gewühl der Großstadtstraßen.
Zu Hause geht es nicht. Man wohnt möbliert.
– Durch das Gewirr von Lärm und Autorasen,
– Vorbei am Klatsch der Tanten und der Basen
Geht man zu zweien still und unberührt.

Man küßt sich dann und wann auf stillen Bänken,
– Beziehungsweise auf dem Paddelboot.
Erotik muß auf Sonntag sich beschränken.
… Wer denkt daran, an später noch zu denken?
Man spricht konkret und wird nur selten rot.

Man schenkt sich keine Rosen und Narzissen,
Und schickt auch keinen Pagen sich ins Haus.
– Hat man genug von Weekendfahrt und Küssen,
Läßt mans einander durch die Reichspost wissen
Per Stenographenschrift ein Wörtchen: ‹aus›!

Spät nachts

Jetzt ruhn auch schon die letzten Großstadthäuser.
Im Tanzpalast ist die Musik verstummt
Bis auf den Boy, der einen Schlager summt.
Und hinter Schenkentüren wird es leiser.

Es schläft der Lärm der Autos und Maschinen,
Und blasse Kinder träumen still vom Glück.
Ein Ehepaar kehrt stumm vom Fest zurück,
Die dürren Schatten zittern auf Gardinen.

Ein Omnibus durchrattert tote Straßen.
Auf kalter Parkbank schnarcht ein Vagabund.
Durch dunkle Tore irrt ein fremder Hund
Und weint um Menschen, die ihn blind vergaßen.

In schwarzen Fetzen hängt die Nacht zerrissen,
Und wer ein Bett hat, ging schon längst zur Ruh.
Jetzt fallen selbst dem Mond die Augen zu …
Nur Kranke stöhnen wach in ihren Kissen.

Es ist so still, als könnte nichts geschehen.
Jetzt schweigt des Tages Lied vom Kampf ums Brot.
– Nur irgendwo geht einer in den Tod.
Und morgen wird es in der Zeitung stehen …

Kinder reicher Leute

Sie wissen nichts von Schmutz und Wohnungsnot,
Von Stempelngehn und Armeleuteküchen.
Sie ahnen nichts von Hinterhausgerüchen,
Von Hungerlöhnen und von Trockenbrot.

Sie wohnen meist im herrschaftlichen Haus,
Zuweilen auch in eleganten Villen.
Sie kommen nie in Kneipen und Destillen,
Und gehen stets nur mit dem Fräulein aus.

Sie rechnen sich schon jetzt zur Hautevolée
Und zählen Armut zu den größten Sünden.
– Nicht mal ein Auto …? Nein, wie sie das finden!
Ihr Hochmut wächst mit Pappis Portemonnaie.

Sie kommen meist mit Abitur zur Welt,
– Zumindest aber schon mit Referenzen –
Und ziehn daraus die letzten Konsequenzen:
Wir sind die Herren, denn unser ist das Geld.

Mit vierzehn finden sie, der Armen Los
Sei zwar nicht gut. Doch werde übertrieben – –.
Mit vierzehn schon! – Wenn sie noch vierzehn blieben.
Jedoch die Kinder werden einmal groß …

Meditation eines Hof-Sängers

Wir hatten mal einen Salon, ein Klavier und seidene
    Sofaschoner.
… Eigentlich bin ich aus besserem Haus.
Nun aber leb ich vom Fensterapplaus
Der Küchenmädchen und von den Groschen der
    Hausbewohner.

Ich hab einen Frack und eine sichere Stellung gehabt
Bei einer Großbank. Die ist längst verkracht.
Ich hab beinah mein Abitur gemacht.
Doch grad für Singen war ich nicht begabt.

Ich bin nie auf fremde Höfe gegangen.
Das hätte meine Mutter niemals erlaubt.
Auch nicht, daß ich einsam, vergessen, verstaubt
Berufstätig bin zwischen Mülleimern und Teppichstangen.

… Das war die erste Station: Vertreter-Treppensteigen.
Fremde klappten mit Türen. Freunde dankten diskret.
Die wissen ja alle nicht, wie's ist, wenn man da steht,
Allein im Hof. Und alle Fenster schweigen.

Der Weg zurück, hinauf, wird täglich schwerer.
Mich hat das Schicksal dankend abgelehnt.
Die Zuversicht ist ein Charakterfehler,
Den man sich klug beizeiten abgewöhnt.

… Manchmal hab ich solche Sehnsucht nach früher.
– Man kann sich doch nicht mit dreißig begraben.
Man müßte wieder einmal einen Posten haben,
Ein festes Mädchen und einen wollenen Überzieher …

Angebrochener Abend

Ich sitz in meinem Stammcafé
Es ist schon spät. Ich gähne …
Ich habe Sehnsucht nach René
Und außerdem Migräne.

Der große Blonde an der Bar
Schickt einen Brief. – Beim Lesen
Denk ich: Zu spät. Vor einem Jahr
Wär der mein Typ gewesen.

Die Drehtür surrt und importiert
Ein Dutzend Literaten.
– Ein Lyriker ruft ungeniert:
‹ … Das Schnitzel scharf gebraten!›

Der Ober blickt impertinent,
Kassiert zwei Weingedecke.
Hierauf verschwindet sehr dezent
Ein Pärchen aus der Ecke.

Der Talmi-Herr sprach sehr gewählt.
Die Talmi-Dame nippte.
… Die beiden geben – knapp gezählt –
Zwei Folio-Manuskripte.

Vom Ping-Pong-Tisch grüßt ein Tenor.
Ich kann den Kerl nicht sehen!
Und nehme mir wie immer vor,
Nie wieder herzugehen.

Ein Sportgirl zwitschert von Davos.
Ich seufze mit Begründung:
Ich habe nur ein Achtellos
Und eine Halsentzündung.

Jetzt macht die Jazzkapelle Schluß.
Der Asphalt glänzt vom Regen.
– Ich nehme einen Omnibus
Und fahr dem Schlaf entgegen ...

Langschläfers Morgenlied

Der Wecker surrt. Das alberne Geknatter
Reißt mir das schönste Stück des Traums entzwei.
Ein fleißig Radio übt schon sein Geschnatter.
Pitt äußert, daß es Zeit zum Aufstehn sei.

Mir ist vor Frühaufstehern immer bange.
… Das können keine wackern Männer sein:
Ein guter Mensch schläft meistens gern und lange.
– Ich bild mir diesbezüglich etwas ein …

Das mit der goldgeschmückten Morgenstunde
Hat sicher nur das Lesebuch erdacht.
Ich ruhe sanft. – Aus einem kühlen Grunde:
Ich hab mir niemals was aus Gold gemacht.

Der Wecker surrt. Pitt malt in düstern Sätzen
Der Faulheit Wirkung auf den Lebenslauf.
Durchs Fenster hört man schon die Autos hetzen.
– Ein warmes Bett ist nicht zu unterschätzen.
… Und dennoch steht man alle Morgen auf.

Kassen-Patienten

Sie brüten stumpf auf Wartezimmerbänken,
Ein jeder mit dem Leiden, das ihn quält.
Sie hoffen nicht. Sie sagen, was sie denken:
‹Der kann mir keene neue Lunge schenken.
Det weeß keen Doktor, wat uns richtich fehlt …›

Die Bilder an der Wand verströmen Grauen.
– Man fragt sich manchmal selber: Muß das sein,
Daß Kranke immer wieder Kranke schauen
Und sich an Wartezimmer-Kunst erbauen
Wie ‹Toteninsel› oder ‹Totenhain› …?

Sie blättern stumm in welken ‹Illustrierten›
Und tauschen ihre Arzt-Erfahrung aus.
‹… Der schickte mich zum dritten und zum vierten,
Bis sie mich dann am Blinddarm operiertcn.
– Das mit der Niere kam erst später raus.›

Die Glocke schrillt. Am Fenster kreist ein Brummer.
Der mit dem Gipsverband riecht nach Karbol.
Sie schleppen alle an dem gleichen Kummer.
Und fühln sich alle gleich als bloße Nummer.
Und ihre Stirnen tragen *ein* Symbol.

Der Arzt, in weißem Kittel, goldner Brille,
Befühlt den Puls und zuckt die Schultern dann.
‹Tja, lieber Freund, das ist nicht unser Wille.›
Ruft: ‹Ziehn sich an!› Verschreibt noch eine Pille.
‹Hier ist Ihr Schein. Der Nächste!› – Wer ist dran?

Der nächste Morgen

Wir wachten auf. Die Sonne schien nur spärlich
Durch schmale Ritzen grauer Jalousien.
Du gähntest tief. Und ich gestehe ehrlich:
Es klang nicht schön. – Mir schien es jetzt erklärlich,
Daß Eheleute nicht in Liebe glühn.

Ich lag im Bett. Du blicktest in den Spiegel,
Vertieftest ins Rasieren dich diskret.
Du griffst nach Bürste und Pomadentiegel.
Ich sah dich schweigend an. Du trugst das Siegel
Des Ehemanns, wie er im Buche steht.

Wie plötzlich mich so viele Dinge störten!
– Das Zimmer, du, der halbverwelkte Strauß,
Die Gläser, die wir gestern abend leerten,
Die Reste des Kompotts, das wir verzehrten.
… Das alles sieht am Morgen anders aus.

Beim Frühstück schwiegst du. (Widmend dich den
        Schrippen.)
– Das ist hygienisch, aber nicht sehr schön.
Ich sah das Fruchtgelée auf deinen Lippen
Und sah dich Butterbrot in Kaffee stippen –
Und sowas kann ich auf den Tod nicht sehn!

Ich zog mich an. Du prüftest meine Beine.
Es roch nach längst getrunkenem Kaffee.
Ich ging zur Tür. Mein Dienst begann um neune.
Mir ahnte viel –. Doch sagt ich nur das Eine:
‹Nun ist es aber höchste Zeit! Ich geh …›

Zwischen Frühstückspause und amerikanischem Journal

Zwischen Frühstückspause und amerikanischem Journal
Denke ich außerdienstlich an dich
Und an das letzte Mal.

– Lieb ich dich eigentlich?
Sicher ist diese Frage banal.
Aber zwischen Frühstückspause und amerikanischem Journal

Fällt einem inbetreff ‹Liebe› Komisches ein,
Wenn man allein
Mit der Schreibmaschine und dem Hausapparat acht
Sich Gedanken privaten Charakters macht.

Zwischen U-Bahn-Knattern und acht Stunden Büro,
Zwischen Thermosflasche und Chef-Zigaretten
Denke ich außerdienstlich an dich.

… Wenn wir sonntags ausnahmsweise mal keinen Regen
    hätten!
Ich nähme das Blaue. Das kleidet mich.
Und dann wie immer um acht am Zoo.

Zwischen U-Bahn-Knattern und acht Stunden Büro
Stimmt mich das wieder mal froh.

Zwischen Kassaskonto und Vermittlungsprozenten
Denke ich nebenbei mal privat.
Wenn wir die Anderthalbzimmer uns leisten könnten!
Anderthalb bloß. Mit Bad.

– Aber es gibt ja so viel Expedienten
Und so wenig Stellen beim Magistrat …

Einem Kinde im Dunkeln

(Für Puttel)

Gib mir deine kleine Hand.
So, nun bist du nicht allein.
Kind, du sollst nicht einsam sein
Mit dem Schatten an der Wand.

Fällt der Abend auf die Welt,
Kühlt die Sonne langsam aus.
Schläft die Wolke hinterm Haus,
Nicken Blümlein auf dem Feld.

Sternlein glimmen langsam schon,
Wind nach unserm Fenster zielt.
Und der Abendengel spielt
Mit dem blassen Mondballon.

Leise, leise rauscht der Baum …
Bäumlein sinkt. Nun ruhst du brav.
Segne dich ein guter Schlaf,
Segne dich ein schöner Traum!

Quasi ein Mahnbrief

Verehrter Herr! Jetzt wird's zu monoton.
Am letzten Sonntag waren es zwei Wochen:
Kein Brief, kein Gruß, kein Wort am Telefon …
– Was hab ich denn so Furchtbares verbrochen?

Wir sprachen, wie das so im Leben sei,
Und ob es mit uns beiden wohl so bliebe.
Ich sagte nur: ich glaube nicht an Liebe.
… Und das im Mai.

Da zupften Sie an Ihrem Schlips und Kragen.
(Das tun Sie immer, wenn Sie was erregt.)
Dann wollten Sie zuerst noch etwas sagen.
Das haben Sie sich rasch noch überlegt.

Und mittendrin, beim schönsten Wortgefecht,
Da ließen Sie mich ohne Antwort stehen
Und sich bis heute überhaupt nicht sehen.
… Und das mit Recht.

Nachschrift:

Jetzt warte ich auf Dich seit vierzehn Tagen.
Und vierundzwanzig Stunden hat der Tag.
– Du weißt doch ganz genau, daß ich Dich mag.
Was mußt Du nur so dumme Dinge fragen.

Es ist so schön zu wissen, daß Du da bist.
Kann ich denn sagen, wie es später wird.
Weißt Du, ob sich Dein Herz nicht doch verirrt?
– Noch ist es schön zu fühlen, daß Du nah bist.

... Soviel nur noch zum Thema ‹Lebensglück›.
Willst Du verstehn, ist alles wie gewesen.
– Sonst aber, – selbst, wenn Du ihn nicht gelesen,
Erbitte ich den Hamsun bald zurück.

Julinacht an der Gedächtniskirche

Die Dächer glühn als lägen sie im Fieber.
Es schlägt der vielgerühmte Puls der Stadt.
Grell sticht Fassadenlicht. Und hoch darüber
Erscheint der Vollmond schlechtrasiert und matt.

Ein Kinoliebling lächelt auf Reklamen
Nach Chlorodont und sieht hygienisch aus.
Ein paar sehr heftig retuschierte Damen
Blühn bunt am Hauptportal vorm Lichtspielhaus.

Laut glitzern Fenster auf der Tauentzien.
Man kann sich herrlich ziellos treiben lassen.
Da protzen Cafés mit dem bißchen Grün
Und geben sich nebst Efeu als ‹Terrassen›.

Zuweilen weht ein kleiner Schlager hin.
Gehorsam wippt es unter allen Bänken.
– Ein altes Fräulein senkt das welke Kinn
Und muß an längstvergangne Liebe denken.

Wie seltsam, daß jetzt fern noch Dörfer sind,
In denen längst die letzte Uhr geschlagen,
Da noch zu lauten, nutzlos langen Tagen
Uns selbst die schönste Sommernacht gerinnt …

Sehnsucht nach einer kleinen Stadt

… Jetzt müßte man in einer Kleinstadt sein
Mit einem alten Marktplatz in der Mitte,
Wo selbst das Echo nächtlich leiser Schritte
Weithin streut jeder hohle Pflasterstein,

Wo vor dem Rathaus rostge Brunnen stehen
In einem toten, längst vergessnen Stil,
Wo selbst aus Erz die Statuen mit Gefühl
Des Abends Liebespaare wandeln sehen.

Wo alte Höfe unentdeckt noch träumen,
Als wären sie von einer andern Welt,
Nur ab und zu ein Dackel leise bellt,
Und blonde Kinder spielen unter Bäumen.

Da blühn Geranien, Tulpen und Narzissen
Vor Fenstern winzig wie im Puppenhaus.
Zum ziegelroten Giebeldach heraus
Hängt buntkariert ein bäurisch Federkissen.

Hier haben alle Menschen immer Zeit,
Als machte das Jahrhundert eine Pause.
Hier sitzt man noch auf Bänken vor dem Hause.
– Und etwas abseits gibt's noch Einsamkeit.

Nichts stört die klare Stille in der Nacht.
Wie unbegreiflich nah sind hier die Sterne …
Gespenstergleich verlischt die Gaslaterne,
Wenn familiär der Mond herunterlacht.

Da scheint uns – fern von allem – vieles glatt,
Was man zuvor mit anderm Maß gemessen.
Man könnte wohl so mancherlei vergessen
In einer solchen braven kleinen Stadt ...

Rote Zahlen im Kalender

Sonntagmorgen

Die Straßen gähnen müde und verschlafen.
Wie ein Museum stumm ruht die Fabrik.
Ein Schupo träumt von einem Paragraphen,
Und irgendwo macht irgendwer Musik.

Die Stadtbahn fährt, als tät sie's zum Vergnügen,
Und man fliegt aus, durch Wanderkluft verschönt.
Man tut, als müßte man den Zug noch kriegen.
Heut muß man nicht. – Doch man ist's so gewöhnt.

Die Fenster der Geschäfte sind verriegelt
Und schlafen sich wie Menschenaugen aus. –
Die Sonntagskleider riechen frisch gebügelt.
Ein Duft von Rosenkohl durchzieht das Haus.

Man liest die wohlbeleibte Morgenzeitung
Und was der Ausverkauf ab morgen bringt.
Die Uhr tickt leis. – Es rauscht die Wasserleitung,
Wozu ein Mädchen schrill von Liebe singt.

Auf dem Balkon sitzt man, von Licht umflossen.
Ein Grammophon kräht einen Tango fern …
Man holt sich seine ersten Sommersprossen
Und fühlt sich wohl. – Das ist der Tag des Herrn!

Osterspaziergang

Ganz unter uns: Noch ist es nicht so weit.
Noch blüht kein Flieder hinterm Heckenzaune.
Doch immerhin: Ich hab ein neues Kleid,
Bürofrei und ein bißchen Frühlingslaune.

Was hilft uns schon das ganze Trübsalblasen –
Da weiß ich mir ein bessres Instrument.
Ich pfeife drauf ... Mich freut selbst kahler Rasen.
Und auf das Frohsein gibt es kein Patent.

Mich fährt die Stadtbahn auch ins freie Feld,
Mir weht der Märzwind gleich den Weitgereisten.
Ich hab mein' Sach' diesmal auf nichts gestellt.
– Das kann man sich noch leisten.

Blau ist der Himmel wie im Bilderbuch.
Die Vögel zwitschern wie in Frühlingsträumen.
Herb mischt die Waldluft sich mit Erdgeruch
Und frühem Duft von knospig reifen Bäumen.

Die Sonne blickt schon ziemlich intressiert.
Und wärmt beinah. – Doch, während ich sie lobe,
Verschwindet sie, von Wolken wegradiert.
Es scheint, sie scheint nur Probe.

Ganz unter uns: Noch kam der Lenz nicht an,
Obgleich schon Dichter Frühlingslieder schrieben.
– Erst wenn man frei auf Bänken sitzen kann,
Dann wird es Zeit, sich ernstlich zu verlieben ...

Geburtstag

Wenn ich so gegen fünf nach Hause fahre,
Gibts Erdbeereis, Besuch und Radio-Tanz.
Spät abends erst mach ich für mich Bilanz
Und wünsch mich wieder in vergangne Jahre:

Ich möchte wieder in der Tertia sitzen
Und schwänzen, wenn die Günther Englisch gibt.
Ich möchte manchmal in die Haustür ritzen:
«In Werner Birken bin ich toll verliebt!!!»

Ich möcht so gern nochmal Theater spielen,
Möcht heulen, wenn Luise Miller stirbt,
Des Nachts vorm Spiegel wie die Baker schielen,
… Obgleich das den Charakter sehr verdirbt.

Möcht wieder mal auf Äppelkähnen krauchen,
Den Riesenwalfisch Untern Linden sehn,
Und hustend erste Zigaretten rauchen,
In einen Film für ‹über achtzehn› gehn.

Ich möcht nochmal – zum allerersten Mal –
Ganz still für mich den Pan von Hamsun lesen,
An Menschen glauben, die das Ideal
Der halbverträumten vierzehn Jahr gewesen.

Nun bin ich groß. Mir blüht kein Märchenbuch.
Ich muß schon oft ‹Sie› zu mir selber sagen.
Nur manchmal noch, in jenen stillen Tagen,
Kommt meine Kindheit heimlich zu Besuch …

Frühling über Berlin

Sonne klebt wie festgekittet.
Bäume tun, als ob sie blühn.
Und der blaue Himmel schüttet
Eine Handvoll Wolken hin.

Großstadtqualm statt Maiendüfte.
– Frühling über Groß-Berlin! –
Süße, wohlbekannte Düfte …
Stammen höchstens von Benzin.

Durch den Grunewald lustwandelt
Eine biedre Keglerschar.
Eine Laute wird mißhandelt
Durch ein Wandervogelpaar.

Sonntags gehts mit der Verwandtschaft
(Meist jedoch mit Frollein Braut)
In die märkische Streusandlandschaft,
Wo man seinen Kaffee braut.

Sommerabendparkgeflüster …
Junges Pärchen auf der Bank.
– Doch das ältere Register
Sitzt im Gartenrestaurang.

Mütter schieben ihren Jüngsten
Auf den sonnigen Balkon.
Und zwei Weekends hinter Pfingsten
Hat die Liebe Hochsaison …

In einer fremden Stadt

… Natürlich läuft der Zug verspätet ein.
Man holt sich sein Gepäck vom letzten Schalter.
Ein brummiger Mann kaut still am Federhalter
Und streicht den Geldbetrag beleidigt ein.

Gleich vor dem Bahnhof liegt die fremde Stadt,
In der man noch bis heute nie gewesen,
So wie ein Buch, das man noch nicht gelesen –
Und unsre Ankunft ist das erste Blatt.

Wie wird an diesem Ort das Leben sein?
– Man wird sich ärgern, wird ein bißchen fluchen,
Verhaßte Spießer, weil man muß, besuchen,
Ein bißchen Glück … Im übrigen: allein.

Jetzt fällt es einem unvermittelt ein,
Man möchte irgend jemandem was schreiben.
Vielleicht an Steffi … Doch man läßt es bleiben.
Statt dessen steigt man in die ‹16› ein.

Der Wagen schaukelt, und man blickt hinaus:
Die Straßen tragen hier die gleichen Namen,
Das gleiche Stadtbild in dem gleichen Rahmen
Wie anderwärts. – Nur eines fehlt: ‹zu Haus›.

Das Rathaus ziert ehrwürdig alter Rost.
Wie überall gibts eine Bismarckwarte.
Hier kauft man sich die erste Ansichtskarte,
Wobei man denkt: heut wartet keine Post.

Ob hier die Zimmer auch so scheußlich sind?
Man nimmt vom Vertikow die Muschelschnecke,
Dann stellt man ‹Unsern Kaiser› in die Ecke.
– Der Lebenslauf in dieser Stadt beginnt.

Auf hoher See

1

‹YOKONDA› heißt das Schiff
– Wie unsres Steuermannes verflossene Braut,
Der er auf Kapstadt Treue geschworen.
Er selbst ist lediglich zu Altona geboren.
Yokonda (römisch Zwei) ist auch stabil gebaut …

Ein echter Büffeljäger ist an Bord,
Zwei China-Girls mit schwarzen Pony-Fransen,
Ein Niggerboy, zehn Sachsen, drei Schimpansen,
Fünf magre Ladies und ein dito Lord.

Der kennt die Welt nur noch aus Liegestühlen.
– Jetzt hat er grad Europa absolviert.
Sogar sein Terrier blickt schon so blasiert,
Als wollt er mit dem Globus Fußball spielen.

Der Schiffskoch stammt vom Stillen Ozean
Und schwärmt von Haifisch blau mit grünen Feigen.
Der Käpten ist ein weitgereister Mann
Und kann in vielen fremden Sprachen schweigen …

2

Und also sprach der Heizer zu mir:
‹Tjo, Frölen, sehnsie, wenn man, wie wir,
So fuffzehnmol bis nach Tunis geschwommen
Und zwanzigmol rum um'n Äquator gekommen,
Denn will eens ooch widder een Mol in'n Hafen,
Un nich mehr bei Winds-tärke neun
Ganz allein
Mit so'n einsames Bullauge schlafen.›

Und außerdem sagte der Heizer zu mir,
(Und schielte zum Leuchtturm am englischen Pier –)
‹Die Welt is mol schön. Das ischa woll wahr!
Un Mädels … die gibt's ooch uff Sansibar.
Aber – um bei der Wahrheit zu bleiben –
Was die so von uns in die Bücher do schreiben
Von Whisky un Weiber un so. – Alles Lügen!
Hätt so'n Wasser Balken, die täten sich biegen …›

‹Tjawollja!› – So sprach der Heizer bedächtig.
‹Tjawollja!› – Und hierauf spuckte er mächtig
Und mit außerordentlichem Elan
Mitten in den Atlantischen Ozean …

Kurzer Reisebericht

In diesem Dorfe gibt es einen Bürgermeister,
Eine so gut wie freiwillige Feuerwehr,
Und hinterm Moor – als einzge – böse Geister,
Dazu ein Kurhaus. Und – ach, ja: das Meer.

Die Fischer haben Haut wie Pergament,
Ein hartes Los und keinen Hang zur Scholle.
Nebst einem nördlich-kühlen Temperament.
(– Was man im Kur-Prospekt vergleichen wolle.)

Die Großstadtgäste kommen wegen der gesundern
Luft. – In ihrer Freizeit lieben sie Natur
Und machen mit der kärglichen Figur Figur,
Daß sich die immerhin rundern Flundern
Wundern.

Die Kleidung ist angeblich ‹ungezwungen›.
Weil jedes Girl die Seemannskluft kopiert.
... In Crêpe de Chine. – So ‹echt› wie Gassenjungen,
Mit denen man das Sonntagsblatt garniert.

Dann gibt's noch ein Café der Prominenten.
Die haben es egalweg mit Kultur.
Provinzskribenten tun, als ob sie könnten.
Und was sie reden, ist Makulatur.

In Vollpension logiert ein Vegetarier,
Der ißt aus Überzeugung nur Spinat.
Ferner ein notleidender Großagrarier
Mit dem Refrain: ‹– Und sowas nennt sich Staat!›

... Die Verteilung der Güter wirkt ja oft grotesk.
Hier z. B. findet am Strand nur Erholung für Kurgäste statt.
Die Eingeborenen nehmen nur höchst selten ein Bad.
Die Dame aus Chemnitz findet dies pittoresk.

Das letzte Mal

… Den Abend werde ich wohl nie vergessen,
Denn mein Gedächtnis ist oft sehr brutal.
Du riefst: ‹Auf Wiedersehn›. Ich nickte stumm. – Indessen
Ich wußte: dieses war das letzte Mal.

Als ich hinaustrat, hingen ein paar Sterne
Wie tot am Himmel. Glanzlos kalt wie Blech.
Und eine unscheinbare Gaslaterne
Stach in die Augen unbekümmert frech.

Ich fühlte deinen Blick durch Fensterscheiben.
Er ging noch manche Straße mit mir mit.
– Jetzt gab es keine Möglichkeit zu bleiben.
Die Zahl ging auf. Wir waren beide quitt.

Da lebt man nun zu zweien so daneben …
Was bleibt zurück? – Ein aufgewärmter Traum
Und außerdem ein unbewohnter Raum
In unserm sogenannten Innenleben.

Das ist ein neuer Abschnitt nach drei Jahren,
– Hab ich erst kühl und sachlich überlegt.
Dann bin ich mit der Zwölf nach Haus gefahren
Und hab mich schweigend in mein Bett gelegt …

Ich weiß, mir ging am 4. Januar
Ein ziemlich guterhaltnes Herz verloren.
– Und dennoch: Würd ich noch einmal geboren,
Es käme alles wieder, wie es war …

Betrifft: Erster Schnee

Eines Morgens leuchtet es ins Zimmer,
Und du merkst: 's ist wieder mal so weit.
Schnee und Barometer sind gefallen.
– Und nun kommt die liebe Halswehzeit.

Kalte Blumen blühn auf Fensterscheiben.
Fröstelnd seufzt der Morgenblatt-Poet:
‹Winter läßt sich besser nicht beschreiben,
Als es schon im Lesebuche steht ...›

Blüten kann man noch mit Schnee vergleichen,
Doch den Schnee ... Man wird zu leicht banal.
Denn im Sommer ist man manchmal glücklich,
Doch im Winter nur sentimental.

Und man muß an Grimmsche Märchen denken
Und an einen winterweißen Wald,
Und an eine Bergtour um Silvester.
– Und dabei an sein Tarifgehalt

Und man möchte wieder vierzehn Jahr sein:
Weihnachtsferien ... Mit dem Schlitten raus!
Und man müßte keinen Schnupfen haben,
Sondern irgendwo ein kleines Haus,

Und davor ein paar verschneite Tannen,
Ziemlich viele Stunden vor der Stadt,
Wo es kein Büro, kein Telefon gibt.
Wo man beinah keine Pflichten hat.

... Ein paar Tage lang soll nichts passieren!
Ein paar Stunden, da man nichts erfährt.
Denn was hat wohl einer zu verlieren,
Dem ja doch so gut wie nichts gehört.

Schienen-Sehnsucht

Heut habe ich einen D-Zug gesehn,
Der ging direkt in die Schweiz.
Mancher findet nur schnittige Achtzylinder schön,
Ich aber meinerseits
Habe seit langen
Sehnsuchtsvollen Jahren
Eine Schwäche für rauchgraue D-Zug-Schlangen,
Die in entlegene Länder fahren.

Ich kann auf keinem Bahnsteig der Welt
Mit kühlen Gefühlen stehen.
Ich kann nicht, wenn wo ein Expreßzug hält,
Ganz sachlich vorübergehen.
– Es ist ja nicht leicht,
An solchen Tagen
Ganz still (weil es wieder einmal nicht reicht),
Im Autobus ‹Einmal: Steglitz› zu sagen ...

Heut habe ich einen D-Zug gesehn,
Der ging direkt nach Paris.
Ich blieb in geziemendem Abstand stehn.
Ich wußte ja ohnedies:
Es wartet niemand in dieser Stadt
Und niemand an ihrer Bahn.
Der Ort, wo man Sehnsucht nach mir hat,
Steht nicht im Reichs-Fahrplan ...

Lediger Herr am 24. Dezember

Keines andern Zimmer ist so leer
Wie meines jetzt. Die letzten Ladenmädchen gehn nach
    Haus
– Nun fällt auch über mich die Weihnacht her.

Familienglück … Ich mache mir nichts draus.
Doch niemals noch war Einsamkeit so schwer –.
Den stummen Raum durchschreit ich kreuz und quer,
Lacht mich nicht dort die Mona Lisa aus?

Wie traurig so ein Schreibtischwecker tickt.
Langsam bimbamt die Glocke. Einer singt ‹Stiille Nacht … !›
– Zu Hause haben sie meiner gedacht
Und nußbraune Heimat-Kuchen geschickt,
Seidne Krawatten und einen Schal, von der Mutter gestrickt.

Nun also bin ich bei mir selbst zu Gast,
Ein lediger Prokurist in Gruppe sieben
Und teilmöbliert. – Es scheint mir fast,
Ich hab den Familienanschluß verpaßt
Und bin so übriggeblieben –.

Die Stube gähnt. Versuchsweis fällt schon Schnee,
Ganz unvermittelt grünt mein Tannenbaum.
– Vielleicht, daß ich fern von Lamettaschaum
Durch weiße wattige Straßen geh,
Fremde Türen zu spüren,
Einsam aus kahl vergessner Allee
In ferne Fenster zu stieren …

Das Licht verlischt. Noch immer fällt der Schnee.
– Man wird so scheußlich leicht sentimental.
Ein Schnaps wär gut. Ein höllischer Kaffee.

Man blickt ins totenleere Stammlokal
Und sagt geniert zum einsamen Portier:
‹Heut nicht. Gutnacht. – Vielleicht ein andermal …›

Nekrolog auf ein Jahr

Nun starb das Jahr. Auch dieses ging daneben.
Längst trat es seinen Lebensabend an.
Es lohnt sich kaum, der Trauer hinzugeben.
Weil man sich ja ein neues leisten kann.

Man sah so manches Jahr vorüberfliegen,
Und der Kalender wurde langsam alt.
Das Glück gleicht eleganten Luxuszügen
Und wir der Kleinbahn ohne Aufenthalt ...

Im Wintersportgebiet hat's Schnee gegeben.
Wer Hunger hat, schwärmt selten für Natur.
Silvester kam. Und manches Innenleben
Bedarf jetzt fristgemäß der Inventur.

Wir gossen Blei und trieben Neujahrspossen.
(Minister formen meist den Vogel Strauß ...)
Was wir im letzten Jahr in Blei gegossen,
Das sah verdammt nach Pleite-Geier aus.

Das Geld regiert. Wer hat es nicht erfahren,
Daß Menschenliebe wenig Zinsen trägt.
Ein braver Mann kann höchstens *Worte* sparen.
... Wenn er die Silben hübsch beiseitelegt.

Die Freundschaft welkt im Rechnen mit Prozenten.
Bald siehst du ein, daß keiner helfen kann.
Du stehst allein. Und die dir helfen könnten,
Die sagen höchstens: ‹... rufen Sie mal an!›

Nun starb ein Jahr. – Man lästre nicht am Grabe!
Doch: Wenn das Leben einer Schule gleicht,
Dann war dies Jahr ein schwachbegabter Knabe
Und hat das Ziel der Klasse nicht erreicht.

Blasse Tage

Blasse Tage

(Für Sonja P.)

Alle unsre blassen Tage
Türmen sich in stiller Nacht
Hoch zu einer grauen Mauer.
Stein fügt immer sich an Stein.
Aller leeren Stunden Trauer
Schließt sich in die Seele ein.

Träume kommen und zerfließen
Gleich Gespenstern, wird es Tag.
In uns bleibt das ewig zage
Fassen nach den bunten Scherben,
Und im Schatten blasser Tage
Leben wir, weil wir nicht sterben.

Zuweilen möchte man aus sich heraus
Und kann die Tür ins Freie doch nicht finden.
Dann schnüffelt man vielleicht mal nach den Gründen
Und kriecht noch tiefer in sein Schneckenhaus.

Man müßte vieles tun. Und manches lassen.
Und kann das eine wie das andre nicht.
Man denkt an manche unerfüllte Pflicht,
Bis sich die Dinge dann mit *uns* befassen.

So vieles tut man rasch in Acht und Bann
Mit Augen, die geschlossen schon erblinden.
Doch auch das Schicksal hat so dann und wann
Auf unserm Konto Unterlassungssünden.

Mitunter scheints, man sei nun endlich da.
– Am Ziel, von dem man schüchtern nur geträumt hat –
Da plötzlich merkt man, daß man was versäumt hat,
Ein dummes Etwas nur. Beinah … beinah.

Wenn man ein zweites Mal geboren würde,
Dann finge man das Leben anders an.
– Vielleicht, daß dann so manches anders würde …
(Vorausgesetzt, daß man vergessen kann –)

Daß man vergessen kann, was man erfahren.
Man horcht sehr oft zu viel in sich herum.
Am besten wär es, klug zu sein und stumm.
Man ist zuweilen alt mit zwanzig Jahren.

Das Ende vom Lied

Ich säh dich gern noch einmal, wie vor Jahren
Zum erstenmal. – Jetzt kann ich es nicht mehr.
Ich säh dich gern noch einmal wie vorher,
Als wir uns herrlich fremd und sonst nichts waren.

Ich hört dich gern noch einmal wieder fragen,
Wie jung ich sei … was ich des Abends tu –
Und später dann im kaumgebornen ‹Du›
Mir jene tausend Worte Liebe sagen.

Ich würde mich so gerne wieder sehnen,
Dich lange ansehn stumm und so verliebt –
Und wieder weinen, wenn du mich betrübt,
Die vielzuoft geweinten dummen Tränen.

– Das alles ist vorbei … Es ist zum Lachen!
Bist du ein andrer oder liegts an mir?
Vielleicht kann keiner von uns zwein dafür.
Man glaubt oft nicht, was ein paar Jahre machen.

Ich möchte wieder deine Briefe lesen,
Die Worte, die man liebend nur versteht.
Jedoch mir scheint, heut ist es schon zu spät.
Wie unbarmherzig ist das Wort: ‹Gewesen!›

Jugendliebe a. D.

Die ganze Nacht hindurch hat es geregnet.
Mir ahnte gleich: der Tag fängt nicht gut an.
Um Mittag kam vom Steueramt der Mann,
Und dann am Abend bin ich dir begegnet.

Ich hätte dich beinahe nicht erkannt.
Du hast dich sehr verändert in den Jahren.
Auch ich hab zwischendurch sehr viel erfahren.
Mein Optimismus trat in Ruhestand.

– Was ich so treibe …? Nicht sehr viel. Man trottet
So nach und nach sein kleines Pensum ab.
Und meine Träume hab ich eingemottet.
Ich wuchs heraus. Nun sind sie mir zu knapp …

Du fragst so viel. – Ob ich jetzt glücklich sei,
Ob ich verliebt sei. Wie es sonst mir ginge …
Ich frage nichts. Dein Blick sagt mancherlei.
Es war einmal … Doch das sind tote Dinge.

– Heut bist du Prokurist und hast zwei Kinder.
Dein Lebenswandel ist korrekt, banal.
Du hattest einst ein andres Ideal;
Doch dieses scheint vernünftig und gesünder.

Ich sehe dich, vergangne schöne Jahre,
Und wie die Zeit uns durch die Finger rinnt.
Auch ich bin längst nicht mehr das große Kind.
Ich glaube nicht mehr an das Wunderbare –

Was übrig blieb von unsern großen Zielen,
Ist jetzt Gerümpel und nicht aktuell.
– Ich denk' an Gottes sogenannte Mühlen:
Sie mahlen doch zuweilen ziemlich schnell …

Melancholie eines Alleinstehenden

Wenn ich allein bin, ist das Zimmer tot.
Die Bilder sehn mich an wie fremde Wesen.
Da stehn die Bücher, die ich längst gelesen,
Drei welke Nelken und das Abendbrot.

Grau ist der Abend. Meine Wirtin tobt.
Ich werde irgendwo ins Kino gehen.
– Mit Ellen konnte ich mich gut verstehen.
Doch vorgen Sonntag hat sie sich verlobt.

… Das letzte Jahr ist so vorbeigeweht.
Mitunter faßt mich eine schale Leere.
Der Doktor sagt, daß dies neurotisch wäre.
Ob das wohl andern Leuten ähnlich geht

Ich träume manchmal, daß der Flieder blüht.
(Ich kann zuweilen ziemlich kitschig träumen.)
Erwacht man morgens dann in seinen Räumen,
Spürt man erst recht, wie es von draußen zieht.

Dann pflückt man statt der blauen Blümelein
Die ewig-weißen Blätter vom Kalender
Und packt die noch zu frühen Sommerbänder
Und seine Sehnsucht leise wieder ein.

Vorm Fenster friert der nackte Baum noch immer,
Und staubgeschwärzter Schnee taut auf den Beeten.
Der Ofen raucht. Und mein möbliertes Zimmer
Schreit schon seit Herbst nach helleren Tapeten.

Mein bester Freund ist nach Stettin gezogen.
Der Vogel Jonas blieb mir auch nicht treu.
Die Winterlaube hat der Sturm verbogen.
– Nun sitz ich da und warte auf den Mai …

… Erst lief man nackt am sonnenhellen Tag
Durch endlos lange Säulen-Wandelhallen,
Und dann – im Traum nur – aus dem Bett zu fallen.
(… Was wohl Herr Freud von einem denken mag?)

Dann hatte man sein Rechenbuch vergessen
Und wußte nichts von einem Konjunktiv.
Der Schularzt war ein Mikrophon, das rief:
‹… Zur Strafe wirst du Haferflocken essen!›

Nun mußte man sehr viele Treppen steigen.
Da war ein Mann mit Namen Lebenslauf.
Der saß hübsch oben auf der Spitze drauf
Und grinste nur: Euch werde ich's schon zeigen!

Jetzt sollte man zehn Spalten aufaddieren,
Und stets kam ‹Rheingau 1300› raus.
Dann wieder lag man still im Krankenhaus,
Und hatte es laut Zeugnis an den Nieren.

– Und plötzlich sah man sich dann selbst als Toten
Und weinte bitterlich (… Es war ein Traum).
Die Freunde pflanzten einen Trauerbaum.
Neun Schupos sangen den Choral ‹Verboten›.

… Da merkte man, daß alles nur geträumt war,
Und wachte auf. Und dachte allerhand.
Und als der Wecker dann auf neune stand,
Da wußte man, daß das Büro versäumt war.

Heute möcht ich nicht nach Hause gehen.
Das wird wieder mal so eine Nacht.
Vor der Höfe dunklem Häuserschacht
Werde ich allein am Fenster stehen.

Still und traurig blinzeln ein paar Sterne,
Langweilt sich ein blasser halber Mond.
Und vom Tor her, wo der Pförtner wohnt,
Kräht ein spätes Grammophon von ferne.

Doch schon fünf Minuten hinterm Haus
Stirbt der Lärm von letzten Stadtbahnzügen.
Wo die Bäume sich im Nachtwind biegen,
Geht der großen Stadt der Atem aus.

Aus verschwiegnen, dicht verhängten Fenstern
Starrt das Schicksal Fremder in die Nacht.
Alte Kinderangst ist aufgewacht:
Vieles wird im Dunkel zu Gespenstern.

Und man träumt und horcht dem Schlag der Stunden ...
Dieses Warten, daß es Morgen wird!
– Labyrinth, aus dem, des Nachts verirrt,
Mancher gar nicht wieder heimgefunden.

... Laß mich heute nicht nach Hause gehen,
Bis der Schatten ganz vorüber ist.
Denn solange du noch bei mir bist,
Fühle ich, es kann mir nichts geschehen.

Kleine Auseinandersetzung

Du hast mir nur ein kleines Wort gesagt,
Und Worte kann man leider nicht radieren.
Nun geht das kleine Wort mit mir spazieren
Und nagt …

Uns reift so manches stumm in Herz und Hirn,
Den andern fremd, uns selbst nur nah im stillen.
Das schläft, solang die Lippen es verhüllen,
Entschlüpft nur unbewacht, um zu verwirrn.

Was war es doch? Ein Nichts. Ein dummes Wort …
So kurz und spitz. Leis fühlte ich das Stechen.
In solchen Fällen kann ich selten sprechen,
Drum ging ich fort.

Nun wird ein Abend wie der andre sein,
Sinnlos mein Schweigen, ziellos mein Beginnen.
Leer wird die Zeit mir durch die Finger rinnen.
Das macht: ich weiß mich ohne dich allein.

… Ich muß schon manchmal an das Ende denken
Und werde dabei langsam Pessimist.
So ein paar kleine Silben können kränken.
– Ob dies das letzte Wort gewesen ist?

Einsamer Abend

Die Stille sickert leis durch Türenritzen.
Durch meine Stube kriecht die Einsamkeit
Und bleibt dann stumm auf kahlen Bänken sitzen.
Der Abend läßt sich heute sehr viel Zeit.

Tief schweigt der Raum. Nur müßge Dielen knarren.
Die Ecken sind mit Schatten angefüllt.
Ich bin allein mit meinem Spiegelbild,
Man soll im Dunkeln nicht in Spiegel starren …

Der Tag hat seine Schuldigkeit getan:
Nur eine Handvoll Glück. Das ist zertreten.
Nun schleppt die Nacht mir die Gedanken an
Und müde Träume, die ich nie erbeten.

Da draußen hält der Regen Monolog
Und spielt mit dem Applaus der Fensterscheiben.
– Wie ging das Lied, das einst mich zu dir zog?
Aber du solltest nicht bleiben.

Klang ein Lied. Das ist verweht.
Gläsern schläft ein Garten.
Kleine brave Tischuhr tickt.
Porzellan-Pagode nickt.
Muß ich immer warten …

Einmal sollte man …

Einmal sollte man seine Siebensachen
Fortrollen aus diesen glatten Geleisen.
Man müßte sich aus dem Staube machen
Und früh am Morgen unbekannt verreisen.

Man sollte nicht mehr pünktlich wie bisher
Um acht Uhr zehn den Omnibus besteigen.
Man müßte sich zu Baum und Gräsern neigen,
Als ob das immer so gewesen wär.

Man sollte sich nie mehr mit Konferenzen,
Prozenten oder Aktenstaub befassen.
Man müßte Konfession und Stand verlassen
Und eines schönen Tags das Leben schwänzen.

Es gibt beinahe überall Natur,
– Man darf sich nur nicht sehr um sie bemühen –
Und so viel Wiesen, die trotz Sonntagstour
Auch werktags unbekümmert weiterblühen.

Man trabt so traurig mit in diesem Trott.
Die andern aber finden, daß man müßte …
Es ist fast, als stünd man beim lieben Gott
Allein auf der schwarzen Liste.

Man zog einst ein Lebenslos ‹zweiter Wahl›.
Die Weckeruhr rasselt. Der Plan wird verschoben.
Behutsam verpackt man sein kleines Ideal.
– *Einmal* aber sollte man … (Siehe oben!)

PLÜSCHSOFA UND VERTIKOW

Verwandtschaft

(Verse für kein *Familien-Album)*

Verwandte gleichen oft dem Lenz:
– Auf einmal sind sie da!
Sie stehen ohne Konkurrenz
Bezüglich ihrer Konsequenz:
Dein Nein ist ihnen Ja.

Verwandtschaft ist stets gottgewollt,
Vom Himmel dir geschenkt.
Meist kommt sie paarweis angerollt,
Und während Tante Lieschen schmollt,
Ist Onkel Fritz gekränkt.

Verwandte üben stets Kritik
An deinem Lebenslauf.
– Dir fehlt der Sinn für ‹Hausmusik›,
– Du treibst als Sport die Politik
Wie andre Dauerlauf.

Sie haben jede Neuigkeit
Direkt aus erster Hand.
Sie haben leider sehr viel Zeit.
Von nun an bis in Ewigkeit
Sind sie nichts als verwandt.

… Dir ist Verwandtschaft unbequem?
Du kalter Egoist!
Den Tanten wirst du zum Problem.
– Weil man Gefühl ja nur mit dem
Familiometer mißt.

Emma geht

Und Emma geht. Wie Emmas eben gehen ...
Sind andre Emmas wohl wie unsre treu?
Bald werden andre Koffer um uns stehen
Und andre Bilder von den Wänden sehen.
Und fremde Hände schlagen was entzwei.

Ein Telegramm. – ‹Ich gehe.› Kurz und bündig.
Am Wäschetag – man denke – zieht sie fort.
Der Dackel weint, als hätt er sich versündigt,
Und Mutter faßt es nicht, daß sie gekündigt.
Verweinte Augen sprechen manches Wort.

Im Hausflur wartet August schon begehrlich
Und packt karierte Wäsche ganz diskret.
– Man schreibt ins Zeugnis, daß sie ‹treu und ehrlich›,
Und die Portierfrau meint: ‹Det is man spärlich!›
Das Baby brüllt. Und unsre Emma geht ...

Das Poesie-Album

Es hat noch drei Millionen Mark gekostet.
Das war so gegen Schluß der Inflation.
… Heut löst das Wachstuch sich vom Einband schon,
Und selbst das Garantieschloß ist verrostet.

Gleich auf der ersten Seite stehn die Verse:
‹Ich hab dich mächtig lieb, mehr weiß ich nicht …›
Mein Vetter Rudolf schrieb mir dies Gedicht.
– Heut weiß er mehr und spricht nur von der Börse.

Der Lehrer Borchardt tät die Feder wetzen
Und schrieb was tiefes Klassisches hinein;
Und Elsie Müller malte ‹Ewig dein!›
Um mich sodann im Rechnen zu verpetzen.

‹Drum sei ein Mann und zimmre dir dein Leben!›
Das war Johannchen Günthers weiser Rat.
– Johannchen, kläglich ist das Resultat,
Doch glaub: ich hab mir alle Müh gegeben …

Wie mags den andern aus der Klasse gehen?
– Was man sich alles vorgenommen hat!
Mitunter trifft man einen in der Stadt
Und bleibt zu zweit dann eine Weile stehen

– Hier haben sie sich alle eingetragen,
Die letzten auf dem Abgangs-Schülerfest.
Und dieses Album ist der letzte Rest
Aus jenen sogenannten Sonnentagen.

… Dabei hats drei Millionen Mark gekostet!
Vielleicht erlebt's nochmal 'ne Inflation.
Zwar gilbt das Kriegspapier allmählich schon,
Und auch das Schloß ist, wie gesagt, verrostet …

Kleine Havel-Ansichtskarte

Der Mond hängt wie ein Kitsch-Lampion
Am märk'schen Firmament.
Ein Dampfer namens ‹Pavillon›
Kehrt heim vom Wochenend.

Ein Chor klingt in die Nacht hinein,
Da schweigt die Havel stumm.
– Vor einem Herren-Gesangverein
Kehrt manche Krähe um.

Vom Schanktisch schwankt der letzte Gast,
Verschwimmt der letzte Ton.
Im Kaffeegarten ‹Waldesrast›
Plärrt nur das Grammophon.

Das Tanzlokal liegt leer und grau.
(– Man zählt den Überschuß).
Jetzt macht selbst die Rotundenfrau
Schon Schluß.

Von Booten flüstert's hier und dort.
Die Pärchen ziehn nach Haus.
– Es artet jeder Wassersport
Zumeist in Liebe aus.

Noch nicken Föhren leis im Wald.
Der Sonntag ist vertan.
Und langsam grüßt der Stadtasphalt,
Die erste Straßenbahn …

Horoskop gefällig ...?

An unsrer Straßenecke steht ein Mann,
Der kann, so sagt er, in den Sternen lesen.
Zwölf Jahr ist er im Koch-Beruf gewesen,
Bis er auf die Berufung sich besann.

Die Branche scheint ihm besser zu behagen.
Von zwei bis sechs wird Zukunft offeriert.
‹Die Sterne lügen nicht. Dankschreiben garantiert!›
Erzählt das Pappenschild an seinem Wagen.

Saturn und Venus sind dem Seher heilig
Und wolln ihm nicht mehr aus dem sechsten Sinn;
Doch leider steht nichts in den Sternen drin,
Naht Mars sich in Gestalt des Schupos eilig.

Das Horoskop, das er für mich gestellt,
Befiehlt, den Glücksstein Carneol zu tragen.
Den kaufte ich mir gläubig vor acht Tagen;
Nun wart ich, daß das Glück mich überfällt ...

Da steht auf himmelblauem Holzpapier,
Der Tierkreis Steinbock lenke meine Schritte,
Und wenn ich ab und zu an Leichtsinn litte –
Das liegt am Kosmos. Ich kann nichts dafür ...

Piefkes Frühlingserwachen

Hol aus dem Schrank die Frühjahrsmäntel, Jrete!
Die ollen Wintafetzen pack in Naftalin!
– Und ihr wascht euch man dalli alle beede:
Et jeht bei Mutta Jrien!

Die Stullen ha'ck in'n Koffa schon vastochen,
Hast du 't Serwie un die Zichorie auch?
In Tejel kenn wa denn jemietlich Kaffee kochen
Nach altem Brauch!

Emilie, komm! Du muß den Rucksack traren!
– Un schick die Jören vorher uffs Kloseeh,
(Reich mir man schnell noch eenen reinen Kraren),
Sonst ‹missen› se jleich wieda im Kupeeh!

Haß du die wollne Decke nich vajessen? –
Wejen den Kuchen sach die Schmidt Bescheid,
Det se nich wieda unsan allefressen,
– Det jeht suuu weit!

Wenn die heut kommt – von wejen Kindawaren –
Denn sinn wa quitt!
Det heeßt denn jleich: ‹Wolln Sie den Kleenen traren›,
Mach ick nich mit!

Putz dir de Neese orntlich ma, Mariechen,
Und Fritz, hol Vatan die Harmonika!
– Wenn ihr wert weita wie die Schnecken kriechen,
Dann bleibta da!

Wat heeßt, ‹der Tabak tut dir nicht bekommen?›
– Wer is hier Herr im Haus?
Adschö. – Un daß mir keene Klaren kommen!
Na, denn man rraus!

– Ob Sie 't nu jlooben oda nich:
Von Bumkens die Meta, die jeht uff'n Strich!
… Wat, Meyern, ick sachte doch ofte schon,
Die takelt sich uff wie 'ne richtje Persohn!

– Na, ick habs die Bumken schon imma jesacht,
Die Jöre, die treibt sich doch rum alle Nacht.
… Un denn: mit die Kerle in'n Hausflur poussiehrn –
Ick meene, det *kann* zu wat Jutet nicht fiehrn!

Aba ick jloobe, die sieht det noch jern.
Schon frieha, wo se mit den meblierten Herrn …
– Na, man will ja weita nich drieba reden.
Aba die Olle erzählt et ja jeden.

Bildt sich wat in uff det joldije Kind …
Na, meine Tochter die derft et nich sind!!!
Is ja ne Schande for't janze Haus.
– Wie sieht 'n det Mächen schon heite aus!

Bemalte Fassade, de Haare wie Stroh.
Det Röckchen, det reicht ihr man knapp bis an Po …
Die schickste Kledasche ist der nich ze teier,
– Bis jetzt truch se Kluft von Brenninkmeyer.

Ich frare Ihn'n nu: wo hat die det her?
Uff Arbeet jeht die doch seit Ostern nich mehr.
Bei Tare stempeln, de Nächte zum Tanz,
– Un sonntachs da riecht's nach jebratene Jans …

Det soll eena jlooben?! – Na, det ick nich lache.
– Aba det is ja die Bumken ihre Sache.
Wat jeht *mir* det an? – Na, denn: jute Nacht!
… Sonst heeßt's: unsaeens hätte Tratsch jemacht!

Kolonialwaren-Handlung

In jeder kleinen Stadt das gleiche Bild:
Im Fenster Reis und Grieß und Konfitüren,
Ein Mann, der einen Krug mit Sirup füllt,
Und Fliegen, die mit Käsen kokettieren ...

Neugierig blinzeln dir Korinthen zu.
Der Duft von sauren Gurken weckt Verlangen.
Bonbons in blankem Glas, an denen du
Als Kind oft sehnsuchtsvoll vorbeigegangen.

Und hinterm Ladentisch die rosge Frau
– Indes die runden Händchen Tüten wiegen –
Verkündet sanft, mit Augen rollmopsblau:
‹Das Auszugsmehl ist wiederum gestiegen ...›

Schulausflug

Des Morgens versammelt sich alles um acht:
Die Kinder mit Rucksack und Milchkaffeeflaschen,
Herr Borchardt in Loden und Wickelgamaschen,
Das Pensum des Tags wohldurchdacht.

Vom Bahnhof aus wandelt man stumm;
Folgt Chorgesang: ‹Komm lieber Mai …›
Nebst Meldung, daß Wandern des Müllers Lust sei,
Ans staunende Publikum.

Jetzt lehrt der Herr Borchardt Natur
An Staubfäden sämtlicher Größen und Stärken.
Das muß man sich dann für den Schulaufsatz merken,
A conto Zensur.

Danach wird im Walde gespielt,
Worauf sich die Kinder ‹recht freundlich› gruppieren,
Denn jetzt kommt der Hauptspaß: das Fotografieren
Fürs Klassenbild.

Im Gänsemarsch kehrt man zurück:
‹Wir haben im Waldschlößchen Frühstück gegessen›,
‹Und ich habe nur bei Herrn Borchardt gesessen …›
– Das ist das Glück.

Der Herr von Schalter neun

Er wirkt zu der Menschheit Segen
Als Hüter des ‹Schema F›.
Er tritt seine kleinen Kollegen
Und kniet vor dem hohen Chef.

Des Morgens ganz Punkt um halb achte
Lenkt er seinen Schritt ins Büro.
Er holt seinen Arbeitsrock sachte
Und setzt sich auf seinen Popo.

Dann nimmt er die Stull'n aus der Mappe.
Die schiebt er mit Ruh und Pläsier
In seine verbissene Klappe.
Und faltet das Stullenpapier.

Jetzt holt er den Bleistift, den gelben,
‹Behördlich genehmigt› vom Pult
Und geht an das Spitzen desselben
Mit Andacht und stiller Geduld …

Er sitzt im Beamten-Vereine
Oder kurz gesagt: im ‹Be-Vau›.
Am Sonnahmt schiebt er ‹Alle Neune›,
Und am Montag, da ist er noch blau.

Er läßt seine Kinder ‹gut bilden›,
Jawollja: denn Bildung muß sein!
Und sein Eheweibchen Mathilden
Schickt er in den ‹Wirtschaftsverein›.

… Und erst seine Tochter Emilie!
(Im Herbst wird sie achtzehn Jahr).
Die ist der Stolz der Familie.
‹Sie geht mit'n Doktor sogar!›

– Und feiert er sein Jubiläum,
Und kriegt er erst seine Pension …
Dann wär er für jedes Museum
Eine Bomben-Attraktion!

Außen protzt das herrschaftliche Haus
Stillos-reich und kitschig-kalt wie früher.
Innen kennt sich der Gerichtsvollzieher
Besser als der Geldbriefträger aus.

Ritterfräulein auf den Buntglasscheiben
Winden sich sowie den Jungfernkranz.
… Letzter Rest der Vorkriegseleganz.
Drinnen lebt man vom Adressenschreiben.

Familien-Silber leuchtet auf Auktionen.
Dem Bechstein-Flügel hat man nachgeweint.
Kahl starrn die Wände. Und den Armen scheint,
Daß sie bei sich selbst zur Miete wohnen.

Ein Werkstudent logiert im Rauchsalon.
Ein Postbeamter haust im ‹Biedermeier›.
Die Armut hockt auf der Louis-quinze-Chaiselongue.
– Und mittags gibt es höchstens Spiegeleier.

Die Töchter gehen stempeln oder tippen.
Teils sind sie Mannequins und teils nur Braut …
Es lebt sich schwer bei Tee und trocknen Schrippen.
Die Mütter sind in Ehren noch ergraut.

Und locken nachts die grellen Lichtreklamen,
Sehn sie verstohlen in die Stadt hinaus.
– Sie wohnen ja im herrschaftlichen Haus
Und waren kürzlich selbst noch bessre Damen.

Einst hatte man noch manikürte Hände
Und einen Ruf. Doch das ist lange her.
Seit Neujahr grüßt selbst der Portier nicht mehr.
Das ist das Ende …

Chor der Kriegerwaisen

(geschrieben zwischen zwei Kriegen)

Wir sind die Kinder der ‹Eisernen Zeit›,
Gefüttert mit Kohlrübensuppen.
Wir haben genug von Krieg und von Streit
Und den feldgrauen Aufstehpuppen!

Kind sein, das haben wir niemals gekannt.
Uns sang nur der Hunger in Schlaf …
Weil Vater im Schützengraben stand,
Zu fallen für Kaiser und Vaterland,
Wenns grade ihn mal traf.

Unser Kinderschreck war der Heldentod,
Unser Märchenbuch: Extrablätter;
Unsre Leckerbissen: das Karten-Brot;
Kanonen – unsre Götter.

Die Schulfibel prangte so stolz schwarzweißrot,
Draus lernten wir: Tod den Franzosen!
Wir übten: ‹Man sagt nicht Adieu; nur Grüßgott›
Und schwärmten für Stahlbadehosen.

Und kam eines Tages ein Telegramm,
Wenn der Vater schon lang nicht geschrieben –
Dann zog sich die Mutter das Schwarze an,
Und wir waren kriegshinterblieben.

Wir lernten Geschichte und Revolution
Am eigenen Leibe erfahren.
Wir schwitzten für Gelder der Inflation,
Die später Klosettpapier waren.

Wir spüren noch heute auf Schritt und Tritt
Jener ‹Herrlichen Zeiten› Vermächtnis.
– Und spielt ihr Soldaten, wir machen nicht mit;
Denn wir haben ein gutes Gedächtnis!

Klassiker der deutschsprachigen Literatur bei rororo

Hans Fallada
Kleiner Mann – was nun?
Roman. 3-499-22510-7

Bertolt Brecht
Kalendergeschichten
3-499-10077-0

Heinrich Mann
Professor Unrat
Roman. 3-499-10035-5

Klaus Mann
Mephisto
Roman einer Karriere
3-499-22748-7

Kurt Tucholsky
Schloß Gripsholm
Eine Sommergeschichte
3-499-10004-5

Wolfgang Borchert
Draußen vor der Tür
und ausgewählte Erzählungen
3-499-10170-X

Friedrich Dürrenmatt
Der Richter und sein Henker
Roman. 3-499-10150-0

Robert Musil
Die Verwirrungen des
Zöglings Törleß
3-499-10300-1

Robert Musil
Der Mann ohne Eigenschaften I
Erstes und zweites Buch. Roman.
Hg. von Adolf Frisé

3-499-13462-4

Kathleen Keating
Der kleine Knuddeltherapeut
Mit Zeichnungen von Mimi Noland
Knuddeln tut gut! Es baut Spannungen ab, hilft gegen Einsamkeit, zerstreut Ängste, hält jung. Was man übers Knuddeln und Geknuddeltwerden wissen muss, zeigen Kathleen Keating und die Knuddelbären.
rororo 24250

Schönste Geschenke von rororo –
jeden Monat neu

Charlotte Link
Die Insel
Eine mörderische Geschichte
Er hatte der Glitzerwelt nie getraut. Sylt, die Insel der Schönen und Reichen, war für einen Mann mit bescheidenen Ansprüchen nicht der rechte Platz. Doch Clara zuliebe verbringt er hier Jahr für Jahr seine Ferien. Aber nun ist Clara verschwunden ... Illustrationen von Horst Meyer.
rororo 24297

Rosalie und Trüffel
Eine Geschichte von der Liebe
von Katja Reider
Mit Bildern von Jutta Bücker
Ein Blick – und schon ist es um sie geschehen: Rosalie und Trüffel, die sich zufällig unter dem Apfelbaum treffen, sind verliebt! Hier ist ihre Liebesgeschichte, zu lesen aus Rosalies und aus Trüffels Sicht.
rororo 24238

Weitere Informationen in der Rowohlt Revue *oder unter* www.rororo.de